완벽한 **다이어트**가 있을까?

완벽한
다이어트 가 있을까?

미셸 오트쿠베르튀르 ㅣ 김희진 감수 ㅣ 김희경 옮김

차례

질문 : 완벽한 다이어트가 있을까?

사람들은 왜 그렇게 몸무게에 신경을 쓰고 걱정을 하는 것일까?

지난 역사에 비추어 볼 때 인간의 전체적인 건강 상태는 매우 양호해졌다. 그런데 사람들은 점점 더 건강해졌음에도 불구하고 건강과 관련된 분야에 대한 관심은 점점 더 커졌다.

서점에서는 건강 코너가 굉장히 큰 부분을 차지하고 있고, 신문, 잡지, 텔레비전 방송 들도 건강 코너를 적어도 하나씩은 가지고 있다. 건강 전문 잡지와 건강 전문 방송 채널까지 생겼다. 이렇듯 다양한 매체가 제공하는 건강에 관한 정보는 일반인의 건강 상식에 지대한 영향을 미치고 있다.

건강이 모두가 추구해야 하고 유지해야 할 가치 기준이 된 것은 20세기 중후반부터다. 현재 세계 곳곳에서 웰빙 문화는 신만 없을 뿐, 거의 종교적인 열광을 받고 있다. 웰빙 문화는 건강에 좋은 음식을 먹고 규칙적으로 운동하면서 같은 생각을 가진 사람들끼리 교류하고 이를 사회화하는 것을 바람직하게 여긴다.

하지만 몸무게에 신경 쓰는 사람이 늘어나는 것은 사실 건강 문제만이 아니라 날씬한 몸에 대한 강박 관념이 사회적으로 널리 확산된 탓도 크다. 우리 사회에서 날씬하다는 것은 아름다움과 건강을 동시에 만족시키는 것으로 여겨지고 있고, 이는 곧 개인의 경쟁력으로까지 이어진다. 또한 의학에 많은 것을 의존하는 문화가 자리 잡으면서 아름다움과 건강 숭배가 결합되었다. 그 결과 음식을 먹는 데 지켜야 할 규칙을 명시하고 과학화하려는 시도가 나타났고, 영양 섭취만을 전문으로 다루는 영양사라는 직업도 생겨났다.

그런데 왜 20세기 중후반부터 이런 문화가 생겨난 걸까? 인간이 이 시기부터 자신이 선택한 것을 먹기 시작했기 때문이다. 다시 말하면, 이 시기부터 식생활과 건강 문제에서 필요 대신 욕구가 음식을 선택할 권리를 차지했기 때문이다.

여러 세기 동안 인간은 자신이 생산하고 채집한 것만 먹었다. 생존하는 데 필요한 먹을거리가 풍족하지 않았기 때문이다. 그런 상황에서 욕구는 자연히 뒤로 밀릴 수밖에 없었다. 그러나 문명이 발달하고 도시화가 진행되면서 생존에 필요한 것보다 더 많은 식품을 공급할 수 있게 되자 인간의 욕구도 활짝 꽃피게 되었다.

인류 역사 이래 인간의 몸은 먹을거리가 부족한 상태에 계속 적응해 오느라 실제 소비하는 영양분보다 더 많은 영양분을 몸에 저장하게 되었다. 그런데 이전보다 많은 식품을 먹게 됨에 따라 그만큼 몸에 저장되는 영양분도 많아지면서 점점 비만 인구가 늘어났고, 평범한 사람들까지도 다이어트를 해야 한다는 중압감에 시달리게 되었다. 다이어트가 웰빙의 필수 조건이 되어 버린 것이다. 끼니를 걱정하던 영양 결핍의 시대가 칼로리를 계산하며 식단을 바꾸는 영양 과잉의 시대로 전환한 것이다.

겉으로 보이는 표상과 이미지가 세상을 지배하고 있고, 현대인은 겉모습과 실체를 구별하지 않으려고 한다. 현대인들 대다수가 의식적, 무의식적으로 있는 그대로의 자아를 도외시하고, 스스로의 자아와 그 이미지를 혼동한다. 그러므로 인간이 스스로를 소비자라고 부르는 것은 깊은 의미를 담고 있다. 현대인은 자아를 단순한 기능에 국한하여 인식한다. 예컨대 '나는 먹는 사람이다.' '나는 내가 걸은 걸음 수를 측정하는 만보기 구매자다.' '나는 헬스클럽 회원이다.' 라는 식으로 말이다. 이처럼 현대인은 특정 집단에 기대어 자신을 규정하고, 자신이 속한 집단이 옳다고 주장하기 위해 점점 더 표준 모델에 가까워지려고 한다. 이런 광적인 규격화에 대해서는 나중에 다시 이야기할 것이다.

인간의 인생은 탄생에서 죽음까지 의사의 도움과 의학적 지식에 점점 더 큰 영향을 받고 있다. 자신의 증상에 대해 함부로 판단해서는 안 되고, 무언가를 선택할 때는 전문가의 조언을 얻는 게 습성이 되었다. 이 과정에서 점점 커져 온 것이 음식에 대한 두려움이다. 먹을 것이 풍부해지고, 위생 상태도 옛날보다 훨씬 나아졌지만, 광우병과 유전자 가공 식품, 발암 물질, 중금속 등 대중 매체에서 다루는 스캔들 때문에 음식에 대한 두려움도 어느 때보다 커진 것이다.

현대인은 과학의 힘을 빌려 기준을 정하고, 그 기준 안에서 마음껏 활동하고 싶어 한다. 적당한 몸무게를 유지하기 위하여 가야 할 길을 인도해 줄 수 있는 기준, 체중과 영양소의 특성을 규격화할 수 있는 기준을 의학에 바라는 것이다.

그렇지만 현대 의학은 발톱 빠진 사자와 같은 신세가 되었다. 20세기 중반부터 영양학이 음식을 먹는 올바른 행동학으로 급부상함으로써 체중이 불어나는 걸 막으려면 음식을 제한하는 식이 요법을 해야 한다는 주장이 대두된 것이다. 하지만 이 것은 전혀 설득력이 없는 주장임을 알 수 있다. 각 나라별로 평균 체중을 보면, 소위 잘사는 나라 국민의 평균 체중이 계속 증가하고 있으며, 음식을 먹는 행동에 대한 불안과 비만 빈도도 함께 증가하고 있기 때문이다. 게다가 비만은 점점 더 어릴 때부터 발생하는 경우가 많아졌다.

체중 조절에 관한 과학적 지식은 계속 늘어나고 있지만, 음식을 취하는 행동학이란 건 있을 수 없음이 밝혀지고 있다. 나중에 다시 살펴보겠지만 음식 행동학은 복잡하고 풍부한 상징성을 가지고 있기 때문에 자칫 과학적인 접근에서 벗어날 우려가 있다. 이러한 우려는 앞으로도 계속될 것이다.

지금까지 음식 행동학은 아이에게 줄 음식을 어떻게 해야할지 고민하는 어머니들에게 수천 년 동안 이어져 내려온 민간요법과 경험적인 지식이 모두 틀린 거라고 주입하는 데나 쓰였을 뿐이다.

이렇게 확실한 것이 없는 상황에서 '완벽한' 다이어트라는 중대한 문제를 연구하기 전에 우선 우리가 우리 자신과 맺고 있는 관계에 대하여 자문해 보아야 하지 않을까 생각한다.

우리는 완전히는 아닐지라도 자기 자신을 자신의 몸무게와 동일시한다. 그런데 이른바 정상적인 체중은 무엇이며, 비정상적인 체중은 무엇인가? 또 체중 조절은 무엇이며, 왜 복잡한 것일까?

다이어트라는 주제를 탐구하면 할수록 이 주제는 더욱 모호하게 보일 것이다. 수천 수만 명의 소비자들이 날마다 이 문제로 고민하는 데는 다 이유가 있다.

게다가 이 문제에 대한 상식적인 대답도 당연히 불완전할 수밖에 없다. 이 책에서는 앞으로 등장할 대답들을 기다리면서, 지금까지 제안된 대답들을 선별해 살펴보도록 하겠다. 과거에는 사실 같아 보였지만 오늘날은 위험한 것으로 드러나는 주장도 있고, 여기에서는 하지 말라고 하고 저기에서는 하라고 하는 등 상반된 조언도 많지만, 그래도 이 많은 주장들 중에는 '완벽한' 다이어트를 이야기할 수 있는 것들이 있다. 이 책에서는 그런 부분을 모아 완벽한 다이어트의 조건을 개략적으로 전개할 것이다.

하지만 이 책에서 말하는 다이어트는 과체중과 일반적인 건강 문제를 가지고 이야기하는 것이며, 치료 대상으로서 다각적으로 분석해야 할 고도 비만은 다루지 않을 것이다.

1

다이어트를 하기 전에
알아야 할 것은 무엇일까?

정상 체중이란 무엇일까?

정상 체중이란 무엇일까? 사실 정상 체중이란 집단에 따라, 미의식에 따라, 개인적인 기준에 따라 얼마든지 달라질 수 있기 때문에 보기보다 정의를 내리기 어렵다.

현재 집단적인 기준, 즉 공중 보건 측면에서 본 정상 체중은 체질량 지수에 근거를 두고 있다. **체질량 지수**는 체중과 신장을 기준으로 신장에 비해 체중이 적절한가를 평가하는 지표로, 킬로그램 단위의 체중을 미터 단위의 키를 제곱한 것으로 나눈 수치다. 예를 들어, 키가 170센티미터이고 몸무게가 70킬로그램이라면 체질량 지수는 $70 \div (1.7)^2 = 24.2$가 된다.

한국인의 정상 체중은 체질량 지수가 18.5에서 22.9인 경우이며, 23에서 24.9까지는 과체중, 25 이상은 비만, 18.5 미만은 저체중이다. 서구인은 체질량 지수 30 이상을 비만으로 정의하는 데 비해 한국인은 더 적은 체중에서도 질환이 발생할 위험이 높기 때문에 비만 지수를 더 낮게 잡고 있다. 이렇듯 나라마다 민족마다 비만을 서로 다르게 정의하고 있다.

미적 정의는 언론이 내린다. 숫자로 뚜렷이 표시되지는 않지만, 유행을 선도하는 모델과 시중에서 판매되는 옷의 사이즈에 몸이 얼마나 잘 맞느냐 하는 것이 기준이다. 이 정의는 체질량 지수를 가지고 내린 것보다 더 불분명하고 불확실하지만, 동시대를 살아가는 사람들에게는 더 중요한 기준이 되는 것이 분명하다. 그리고 이 정의는 그 시대 인간의 욕구와 상황을 대변하기 때문에 이전 시대의 아름다움과 현 시대의 아름다움은 차이가 날 수밖에 없다.

정상 체중이 무엇인지 어느 한 개인의 입장에서 정의하면 말 그대로 한 개인이 정하고 생각한 정상 체중이다. 이것은 자기 몸에 대해 불편함이나 불만이 없는 마음과 관계있다.

'비정상적인' 체중은 정상 체중을 정의하는 데 고려했던 요소를 반영하여 정의할 수 있다. 학문적으로 '비정상' 체중을 정의할 때는 체질량 지수에 따라 질환을 일으키고 건강을 위협할 정도로 체중이 과다한 상태를 기준점으로 잡는다. 그러나 비만 학회 등 학술 단체나 WHO(국제 보건 기구)같은 국제 기

현대는 겉으로 보이는 것이 점점 더 중요해지는 시대다.
이런 시대에는 정상과 아름다움의 기준도 이미지와 표상으로 결정된다.

구가 정의한 정상 체중은 '미적 정의'와는 일치하지 않는다. 미적으로 선망의 대상이 되는 많은 연예인들은 정상이라기보다는 사실상 저체중 상태인 것이 그 단적인 예이다.

끝으로 정상 체중의 객관적인 정의는 각자가 자기 자신이 맺고 있는 관계와, 다양한 그룹들에 의해 규정되어 사회적으로 합일하는 가치에 달려 있다.

1997년 프랑스 모 여성 잡지에서 실시한 다이어트에 관한 여론 조사에 따르면, 프랑스 여성의 80~90퍼센트가 다이어트를 시도한 적이 있거나 하는 중이라고 답했다. 다이어트를 하는 동기에 대해서는 응답자의 49.9퍼센트가 어떤 옷을 입어도 예뻐 보이고 싶어서라고 대답했고, 자신감을 갖고 싶어서라는 대답이 20.7퍼센트, 여자다운 몸매를 갖고 싶어서라는 대답이 11퍼센트를 차지했다. 그 밖에 그냥 날씬하고 싶어서가 8.3퍼센트, 건강을 위해서가 5.7퍼센트였다. 프랑스 사람들이 정상 체중에 대해서 어떤 정의를 가장 중요하게 생각하고 있는지 알 수 있다.

기본 영양소는 어떤 역할을 할까?

인간은 쥐나 돼지 같은 잡식 동물이며, 탄수화물과 지방, 단백질이 주성분으로 혼합된 음식을 먹는다.

탄수화물은 몸의 모든 구성 요소, 즉 세포에서 시작해 근육과 뇌 그리고 그에 연결된 다른 모든 기관들이 기능하는 데 필요한 에너지를 직접 공급하는 영양소다. 그리고 매우 적은 양만 몸속에 저장된다.

지방은 에너지를 비축하여 필요할 때 공급하는 역할을 한다. 밤 동안 짧게 절식해야 할 때나 스스로 선택한 것이든 어쩔 수 없어서 그러한 것이든 오랫동안 음식을 먹지 못할 때를 대비하는 영양소다.

단백질은 근육과 뼈, 호르몬 등 신체 조직을 형성하는 데 유용한 역할을 한다. 정상적으로 음식을 섭취하는 사람의 에너지 대사에서 단백질이 차지하는 부분은 적다.

세 가지 영양소의 기본적인 역할은 이 정도이지만, 지용성 비타민을 흡수하고 세포막을 형성하려면 지방이 필요한 것과 같이, 영양소는 또 다른 여러 작용에도 관여한다. 따라서 순수하게 단백질만으로, 순수하게 지방만으로 또는 순수하게 탄수화물만으로 이루어진 음식을 먹겠다는 것은 허황된 생각이다.

단백질만을 먹는다거나 탄수화물 섭취를 배제한 다이어트와 같은 극단적인 다이어트는 몸에 무리함을 가져다준다.

에너지 권장량은 어린이인지 성인인지 아니면 나이든 사람인지 등 연령에 따라, 또 생활 습관(또는 활동량)에 따라, 성별과 임신 여부에 따라 달라진다.

평범한 도시 생활을 하는 성인 남자의 경우, 대체적으로 1일 총 2500킬로칼로리° 정도가 필요하다. 똑같은 조건의 성인 여자는 하루에 총 2000킬로칼로리 정도가 필요하다. 그러나 이 권장량에도 개인차가 있다는 점을 주의해야 한다.

탄수화물과 단백질은 1그램에서 4킬로칼로리의 열량이 발생하며, 지방 1그램은 9킬로칼로리를 발생한다. 전체 칼로리 섭취량으로 봤을 때 한국인은 탄수화물에서 60~70퍼센트, 지방에서 15~20퍼센트, 단백질에서 나머지 15~20퍼센트를 취하는 것이 바람직하다. 서구인들의 식사는 지방의 비율이 높아 이를 30~35퍼센트로 낮출 것을 권장하고 있으나 밥을 주식으로 하는 한국인은 탄수화물 비율이 높아 탄수화물을 줄이고 단백

● ● ● ●

킬로칼로리(kcal) 열량, 에너지의 양을 나타내는 단위. 음식을 통해 제공되거나 운동과 같은 활동으로 소모되는 에너지의 양을 말한다.

질을 늘릴 것을 권장해 왔다.

그러나 최근 한국에서도 패스트푸드나 서구식 식생활이 일반화되면서 청소년이나 젊은 성인들의 지방 섭취량이 늘어나고 있는데 이는 지나친 지방 섭취로 비만의 원인이 될 수 있다.

체중 유지는 들어오는 것(음식 섭취)과 나가는 것(에너지 소비), 동화 현상과 이화 현상이 균형을 이룬 결과다. '저장된 에너지 = 섭취한 에너지 − 소비한 에너지'라는 방정식은 변하지 않는다.

정착 생활을 하는 성인 남자의 경우, 24시간 동안 소비하는 에너지는 다음과 같이 나누어진다. 휴식할 때 소비하는 에너지는 전체 소비 에너지의 약 60~70퍼센트 정도다. 육체 활동으로 소비하는 에너지는 약 10~15퍼센트이며, 더위나 추위에 맞추어 체온을 조절하는 데 소비하는 에너지는 약 2~3퍼센트다. 음식을 섭취해서 소화하고 배설하기까지 과정에서 소비하는 에너지가 전체의 15퍼센트 정도다.

들어오는 것이 증가하거나 나가는 것이 감소하거나, 또는 둘 다가 동시에 일어날 때, 그 규모에 따라 과체중부터 고도 비만까지 체중은 증가하게 된다. 체내 지방 저장량이 늘어나는 **지방의 동화 현상** 때문이다. 마찬가지로 들어가는 것이 감소하거나 나가는 것이 증가하거나, 또는 두 가지가 함께 발생할 때

체중은 줄어든다.

체중 조절, 정말 간단할까?

일단 기본 방정식은 앞에서 이야기한 것과 같지만, 인간의 신체 내부 메커니즘에 대해 점점 더 많이 알게 될수록 체중을 조절하는 것이 매우 복삽한 일이라는 것을 알게 된다. 이런 관점에서 보면, 과학적인 발견은 단지 신체 작용 전체의 복잡성을 설명하는 데 그친다. "단순한 것은 모두 거짓이고, 진실은 언제나 이해할 수 없다."라는 격언은 정말 맞는 말이다.

다이어트 문제는 단지 신체 내부만의 문제가 아니다. 왜냐하면 신체란 레고나 퍼즐 놀이처럼 빠진 곳을 채워 넣어 구조물을 완성해 준다고 문제가 해결되는 것이 아니기 때문이다.

생명체가 원래 그렇듯이, 인간은 선천적인 것, 즉 유전체˚와 후천적인 것, 즉 넓은 의미에서 환경의 영향 양쪽 모두로부터 비롯된 혼합체이다. 그렇지만 체중 조절에 관한 이야기가 나오

● ● ● ●

유전체(genome) 세포가 가지고 있는 유전 정보 전체를 일컫는 말.

면 전문가들은 대부분 유전자의 영향에 기댄 설명이나 기계론적이고 결정론적인 설명, 환경론적인 설명 중 어느 한 가지에만 우선권을 부여하려고 한다. 유전자에 의한 설명과 분자에 원인을 두는 기계론적인 설명은 본질적으로 결정론적인 관점에서 나온 것으로, 인간의 의지와 유전적 특성이 인간을 지배한다는 것이다. 환경론적인 설명에는 사회학적 설명을 비롯한 심리학적이고 학문적인 여러 가지 설명이 포함되어 있다.

유전론적 설명과 기계론적 설명은 대부분 동물 실험에서 발견한 사실을 바탕으로 한다. 즉 인간이 실험실 동물과 같다는 전제에서 나온 설명이다. 너무 대담하게 확대 적용한 것이 아닐 수 없다. 엄밀히 말하면, 현재 우리가 아는 것은 인간 신체에 나타나는 몇몇 병리 현상이 동물에서도 나타날 수 있다는 것뿐이다. 그나마 고려할 만한 것은 단 하나의 유전자에 의해 결정되는 무성 생식˚ 같은 아주 단순한 신체 병리 현상뿐이라는 것이다. 따라서 동물들이 음식을 먹는 행동을 연구한 것을 인간에게 확대해 적용하는 것은 전혀 과학적이지 않은, 이데올

● ● ●

무성 생식 단성 생식 또는 단위 생식, 처녀 생식이라고도 한다. 수컷과 암컷이 수정하지 않고, 스스로 새로운 개체를 만드는 생식법을 가리킨다.

로기적인 환원주의[*]다.

환경론적 설명은 사회학적 연구 대상이 될 만한 동질 집단에 속한 개인들이 공통적으로 갖고 있는 특질을 관찰함으로써 이루어진다. 그런데 각 개인은 집단 전체가 보여 주는 특질과 전혀 관련이 없지는 않지만, 부분적으로는 그 영향에서 벗어나 있다.

사실 우리들 각자는 인류라는 종에 속한 하나의 개체가 아니라 인간이기 때문에 다른 사람이 나와 똑같은 상황일 수도 없을뿐더러 똑같은 상황이라고 하더라도 나와 똑같이 반응하지 않는다.

직업이나 식성, 경제적 역할과 능력 등 여러 기능을 기준으로 정의할 수 있는 **개체**는 연구 대상이 될 수 있는 익명의 존재다. 하지만 이런 기능을 갖고 있는 **인간**은 주관적 존재, 즉 어떠한 과학적인 접근도 허용하지 않는 단독자[*]다. 따라서 주체

● ● ● ●

환원주의 다양한 현상을 단순한 하나의 원리나 현상으로 설명하려는 논리를 말한다.
단독자 덴마크 철학자 키에르케고르의 실존 개념. 그는 헤겔의 절대 정신이 전체성에서 파악되기 때문에 실존하는 인간의 문제에 아무런 해답을 줄 수 없다고 비판하고, 실존적·주체적 존재자인 인간에게 주체로서의 체험이 얼마나 중요한가를 강조하면서 이 개념을 제안했다.

는 정신 분석학에서 오랫동안 논쟁 대상이 되어 왔다.

인간이 먹는 음식을 고찰하면 이와 같은 인간의 복잡성을 더 잘 이해할 수 있다. 단순해 보이지만, 사실 먹는 행위는 지금도 앞으로도 다 밝힐 수 없을 만큼 엄청나게 복잡한 행위다.

먹는 행위와 마시는 행위는 인간을 이루는 복잡한 의미를 모두 내포하고 있다. 사람들은 우선 단맛과 매운맛, 신맛, 쓴맛이라는 네 가지 기본 감각으로 음식 맛을 느낀다. 그렇지만 음식의 여러 특징을 느끼려면 또 다른 감각이 필요하다. 눈으로 음식의 색깔과 모양을 느끼며, 코로 냄새를 맡고, 입술과 입 속의 촉각으로 질감과 농도를 느낀다. 음식을 즐기는 데 오감이 다 쓰이는 것이다. 그러므로 먹는다는 행위에는 반드시 주관이 개입할 수밖에 없다.

음식을 먹는다는 것은 생리적이고 심리적인 행위일 뿐만이 아니라 다양한 문화 전통과 결부된 사회적이고 상징적인 행위이기도 하다. 따라서 음식과 음식의 역사에는 인간의 종교적, 철학적, 사회적, 정치적, 경제적인 것 모두가 담겨 있다. 다음 격언이 이것을 잘 표현해 준다.

"당신이 누구인지 알고 싶다면 당신이 무엇을 먹는지, 언제, 어떻게 먹는지를 보면 된다."

기능성 식품이 효과가 있을까?

현대는 먹을거리가 매우 풍부하고 다양해졌지만, 먹는 행위를 통하여 자연스럽게 습득하게 되는 상징적, 사회적 의미들은 상대적으로 많이 사라졌다. 오늘날 음식을 먹는다는 것은 건강이나 영양 섭취만 중요하게 생각하는, 다분히 경제적인 개념이 되었다. 음식 문화가 상업적인 메시지의 표적이 되어 충동의 지배 아래로 들어가 버린 것이다.

특히 거대 기업은 심혈을 기울여 식품을 만들고 이를 선정적으로 광고한다. 그러면 사람들은 그 메시지를 좇아 필요보다 욕구에 따라 음식을 구입한 후, 구입한 음식 앞에서 두려워한다. 과학과 기업 그리고 마케팅이 결합하여 만들어 낸 **기능성 식품** 같은, 이름만 그럴듯한 합성 식품이 한때 폭발적인 인기를 누리기도 했다.

앞에서 이야기했듯이, 현대인들이 소비하는 식품은 질이나 위생 상태 모두 과거보다 훨씬 좋아졌지만, 음식에 대한 두려움은 수그러들지 않고 있다. 그러나 이러한 불합리한 두려움이 만연해 있으면서도 기능성 식품 시장은 거대 기업이 뛰어들 만한 유망한 시장으로 떠올랐다.

사람들은 영양가가 좋으면서도 특정 병에 효과가 있는 기능성 식품이 정말 있는지 궁금해한다. 심지어 기능성 식품의 총 매출액을 보면 일반인에게 가장 많이 나타나는 병이 무엇인지 알 수 있을 정도다. 심장이나 혈관계 질환, 소화계, 면역 체계 결핍으로 인한 질병, 골다공증 등.

수많은 식품들이 건강 식품이라는 이름을 달고 약국과 편의점, 슈퍼마켓, 할인 마트에서 판매되고 있다. 그 가운데는 의사나 의학 전문가들이 만들고 보증한 믿을 만한 제품들도 있지만, 왜 좋은지 근거를 알 수 없는 것들이 훨씬 더 많다.

물론 이런 식품이 유행한 것은 최근이므로 아직 이 주제와 관련된 연구는 찾아보기 어렵다. 게다가 현재 그나마 접할 수 있는 건강 식품에 관한 연구 논문들은 무작위로 뽑은 사람들을 대상으로 실험한 결과를 모아 발표한 것이라서 신뢰성이 떨어진다. 어떤 기능성 식품은 유전적으로 특정한 병에 노출된 사람들에게는 효과가 있지만, 유전적 성향이 다른 사람들에게는 효과가 없거나 심지어 해롭기까지 한 것을 밝혀졌기 때문이다.

건강 식품은 사회가 선택한 것이라기보다는 경제적 이익을 취하려는 집단의 전략이라는 것을 생각해야 한다.

다만 그동안 진행된 여러 연구 결과에 의하면 채식 위주의 식단이 건강에 좋다는 결론은 확실해졌다. 금연과 금주, 규칙적인 운동 습관 등 생활 방식을 실천하면 건강을 지킬 수 있고, 또한 암이나 심혈관계 질환이 발생할 위험을 줄여 주는 신선한 과일과 야채, 콩과 식물을 섭취하면 좋다는 것은 여러 연구로 일관되게 증명되어 왔으며, 강력하게 권장되는 사항이다.

2

다이어트 상식,
정말 맞을까?

다이어트 상식을 믿어도 될까?

다이어트에 관한 모든 궁금증을 다 열거할 수는 없겠지만, 이 장에서 다룰 질문들은 체중 문제로 고민해 본 적이 있는 사람들이 가장 자주하는 질문들이다. 많은 책자와 신문 기사가 여기에 대답하지만, 대개 기적에 가까운 대답들이거나, 이런저런 소문을 들은 일반 사람들이 말하는 근거 없는 대답, 아니면 광고성 정보가 들어간 것들이다.

이 책에서는 현대 의학에서 얻은 연구와 경험을 토대로 한 올바른 자료에 근거를 두고 대답해 보려고 한다.

운동을 하면 살이 빠질까?

운동이 체중을 감량하는 데 도움이 될까?

그렇기도 하고 아니기도 하다. 예를 들면 시속 5킬로미터 정도의 정상적인 리듬으로 한 시간을 걸으면 약 240~300킬로칼로리의 에너지가 소모된다. 따라서 많이 움직이지 않는 사람이, 먹는 음식에는 아무런 변화도 주지 않고, 매일 같은 속도로 한 시간씩 걷는다면, 한 달에 최고 300×30=9000킬로칼로리를 확실히 소비할 수 있다.

1그램의 지방이 9킬로칼로리의 열량을 내므로 9000킬로칼로리는 지방 1킬로그램에 해당한다.

여기에 더해, 주말 아침마다 조깅을 하는 사람들 행렬에 끼여 시속 8킬로미터로 달린다면 한 시간에 480~600킬로칼로리를 소비하게 된다.

하지만 운동을 하면 몸의 근육이 증가하는데, 이 근육이 무겁기 때문에 반드시 체중이 1킬로그램 감소하지는 않는다. 그러나 체지방 대신 근육이 늘어나는 것은 우리가 목표로 하는 바람직한 결과인데, 왜냐하면 근육은 에너지를 사용하고 소모해 주는 역할을 하기 때문이다.

운동은 매우 규칙적으로 해야 효과가 나타난다. 여러 가지

현실적인 조건 때문에 일주일에 1~2시간만 운동을 한다면 체중을 줄일 수 없다. 만약 따로 운동할 시간을 내기 어렵다면 생활 습관을 한두 가지 정도 바꿔 보는 것도 방법이 될 수 있다. 예컨대 자동차를 타는 것을 아예 포기하거나 줄이고, 에스컬레이터나 엘리베이터 대신 계단으로 걸어 다니는 계획을 실행해 볼 수도 있을 것이다.

단 여기서 기억해 둬야 할 것은 식사량을 줄이지 않고 운동만 해서는 체중을 쉽게 줄일 수 없다는 점이다.

라이트 식품을 먹으면 살이 빠질까?

라이트 식품은 보기에는 일반 식품들과 유사하지만, 제조 과정에서 의도적으로 지방과 탄수화물의 양을 줄여서 에너지 함유량을 낮춘 식품들이다.

'라이트'는 곧 칼로리를 줄였다는 것을 의미한다. 라이트 식품은 정상적인 지방이나 단백질의 일부를 칼로리가 없는 지방 대용물이나 감미료로 대체한 식품이다. 라이트 식품은 보통 식품에 비해 적으면 25퍼센트, 많게는 50퍼센트까지 칼로리가 적다.

일반적으로 이런 식품은 기준이 되는 식품보다 가격이 비싸지만, 정말로 이점이 있는지, 그리고 실질적인 이점이 무엇인지에 대해서는 증명된 게 거의 없다.

라이트 식품이 체중 감량에 효과가 있는지에 대한 논의는 다양한 견해들만 있을 뿐, 아직 뚜렷한 결론이 나온 것은 없다. 강박 관념에 가깝게 날씬하고 마른 몸매를 유지하고 싶어 하는 사람들이 라이트 식품을 더 많이 소비하고 있을 뿐이다.

그런데 이런 식품이 팔리는 것은 라이트 식품이 정말 효과가 있기 때문일까? 혹시 사람들이 라이트 식품을 택해야 한다는 강박 관념을 갖고 있기 때문은 아닐까? 비만인 사람들은 라이트 식품을 구매하는 중요한 소비자다. 그러나 라이트 식품을 먹다가 오히려 더 살이 찌는 것은 아닐까?

요즘, 많은 건강 잡지와 책에서는 라이트 식품을 먹으면 오히려 체중이 증가한다는 사실을 믿을 만한 근거를 가지고 지적하고 있다. 크게 다음 두 가지를 이유로 들고 있다.

첫째, 라이트 식품에서 맛볼 수 있는 **감칠맛**(강화된 맛) 때문에 더 많은 라이트 식품을 찾게 된다.

둘째, 필요한 열량과 영양소를 섭취하지 못하기 때문에 다음 식사에서 이를 보상받으려 한다.

요컨대 라이트 식품을 습관적으로 소비하다 보면 평소에 필요한 에너지를 얻으려고 자기도 모르는 사이에 다른 음식을 더 많이 먹게 되면서 실제로 먹는 음식의 열량이 늘어나게 되는 것이다.

사람들이 음식을 정상적으로 먹는 경우, 즉 음식 섭취를 제한받지 않는 경우라면 라이트 식품이라는 것의 정체는 더욱 불명확해진다. 라이트 식품은 보통 **제한된 포만감**이라는 말로 널리 알려진 메커니즘에 근거하고 있다. 이에 따르면 사람들은 식욕이 충족될 때까지 먹는 것이 아니라 적당한 양의 음식을 먹고 배가 부르면 더 이상 음식을 먹지 않는다는 것이다. 그런데 라이트 식품이 의존하는 이와 같은 메커니즘의 기능이 완전히 밝혀진 것은 아니다.

라이트 식품으로 칼로리를 조작한다고 해도 계속해서 음식 조절 메커니즘을 속일 수는 없을 것이다. 음식 조절의 중추인 뇌가 이전에 기억하고 있던 음식의 실제 가치와 현재 먹는 음식의 가치를 대조해 볼 것이기 때문이다.

그러므로 단지 며칠만 지나면 뇌는 실제로 섭취한 음식물의 열량을 기억할 것이다. 그렇기 때문에 라이트 식품을 소비하면서 기대하는 대로, 부족한 열량을 보충하려고 몸속에 축적한 에너지를 사용한다는 말은 곧 헛소리가 될 수도 있다. 아직 명확하게 입증된 것은 없지만 말이다.

지방을 먹어도 될까?

열량이라는 차원에서 이 질문에 대답한다면 부정적인 대답이 나올 것이다. 요컨대 기름은 모두 1그램에 9킬로칼로리를 발생시킨다. 버터나 마가린도 마찬가지다. 어떤 기름이 질적으로 더 좋고 나쁘다고 말할 수는 있지만, 열량 차원에서는 아무런 차이가 없다.

우리가 먹는 지방의 80퍼센트는 소위 **숨겨진 지방**으로, 과자나 케이크, 햄이나 소시지 같은 돼지고기를 가공한 식품과 고기, 치즈 등의 유제품이나 올리브와 아보카도 등에 들어 있다.

음식에 지방이 들어 있는지 없는지는 그 음식을 키친 타월 같은 압지 위에 올려놓아 보면 곧바로 알 수 있다. 음식 주변으로 기름 띠가 퍼지면 틀림없이 지방이 들어 있는 음식이다.

그렇다면 지방을 아예 먹지 않으면 어떨까? 지방을 먹지 않는 것은 엄청난 잘못이다. 지방은 우리 몸에 유용한 영양소이다. 비타민 A와 D, E 그리고 K처럼 지방 속에서만 용해되는 **지용성 비타민**을 흡수해야 하기 때문이다. 또한 지방은 탄수화물보다 상대적으로 더 많은 포만감을 느끼게 해 준다.

열량이 많다고 지방을 무조건 기피하면 안 된다.
지방은 비타민 A, D, E, K와 같은 지용성 비타민의 흡수를 돕기 때문이다.

간식을 끊어야만 할까?

간식을 식사 시간 사이에 음식을 먹는 행위라고 정의해 보자. 간식이 끼니를 대체할 정도라면 자연히 먹는 음식의 양이 늘어나고, 그러면 열량도 따라 증가해 아주 위험해질 것이다.

하지만 사실 하루 세 끼라는 일상적인 식사는 문화적인 모델로서, 생리적 결정론과는 전혀 일치하지 않는다.

식사를 하루에 몇 끼나 하는지, 몇 시간에 한 번씩 하는지, 어떤 음식을 주로 먹는지, 각 끼니의 차이는 어떤지 하는 것 등은 본질적으로 각 나라마다 서로 다른 문화적인 관습과 관계가 있다.

중요한 것은 하루에 섭취하는 에너지의 양이다. 음식을 먹는 방식은 각자 알아서 결정할 몫이다.

감미료를 써도 될까?

감미료는 단맛을 내기는 하지만, 열량이 낮거나 아예 없다. 설탕 대용품으로 쓰이고 다양한 음식에 단맛을 유지하면서도 그에 부응하는 신진 대사를 하지 않는 첨가물로 널리 사용되고 있다.

저열량 다이어트를 할 때 라이트 식품과 비슷한 효과를 기대하면서 감미료를 사용하곤 한다. 그러나 한 가지 확실한 것이 있다. 감미료는 일반적으로 동반되는 신진 대사에 전혀 기여하지 않고 단맛을 제공함으로써 인체를 속이는 것이므로, 단맛을 먹고 싶은 욕구를 그대로 유지하거나 오히려 욕구를 더늘려 음식 섭취를 증가시킨다는 사실이다.

탄수화물을 먹으면 살이 찔까?

대답은 그렇다이다. 그러나 탄수화물뿐만 아니라 어떤 음식도 다 마찬가지다. 사실 먹어서 살이 빠지는 음식은 하나도 없다. 물처럼 칼로리가 전혀 없는 액체도 마찬가지다. 하물며 앞에서 본 것처럼 탄수화물은 1그램당 4킬로칼로리의 열량을 내지 않는가.

지방과 마찬가지로, 식단에서 탄수화물을 빼는 것도 대단히 위험한 짓이다. 탄수화물은 신진 대사에서 아주 중요한 역할을 할 뿐만 아니라 그 맛을 통해 사람의 기분을 좋게 만드는 성질이 있기 때문이다.

아직까지 음식에 대해 거부감을 갖는다고 해서 체중 감량에 도움이 된다는 증거는 없다. 그러므로 체중을 감량하기 위하여 탄수화물이 주는 미각의 즐거움을 포기하지 말기 바란다. 그런 생각은 과학적으로 검증된 적이 전혀 없기 때문이다.

텔레비전을 많이 보면 살이 찔까?

대답은 네 가지 측면에서 그렇다이다.

첫째, 텔레비전을 볼 때 우리는 어쩔 수 없이 앉은 자세로 있게 된다.

둘째, 영상이란 본질적으로 이성이 아니라 감성에 영향을 미친다. 사람들은 텔레비전을 보다가 갑작스럽게 공포에 휩싸이거나 감정에 강한 자극을 받으면 열량이 매우 높은 감자칩이나 초콜릿 혹은 과자 같은 식품을 먹음으로써 그러한 감정을 보상 받으려고 한다.

셋째, 식사 시간대가 되면 텔레비전에서는 의도적으로 식품 광고를 많이 내보내서 시청자의 구매욕을 자극한다.

넷째, 식사 중에 자기 접시에 무엇이 있는지보다 텔레비전에서 무슨 일이 벌어지는지에 더 열중하게 된다. 이 때문에 가족의 식사 구조가 망가지고, 음식을 먹는 양이 무의식적으로 늘어날 수 있다. 한 번 망가진 식사 구조는 식사 시간이 지난 후에도 지속되어 아이들은 오후 내내 텔레비전 앞에 혼자 남아 군것질을 계속하게 된다.

빨리 먹으면 살이 찔까?

걸어가면서 샌드위치를 먹는다고 상상해 보자. 이상하지 않은가? 사실 음식을 빨리 섭취한다는 것 자체가 잘못된 것이다. 먹는 것과 같이 중요한 행동을 인생에서 부차적인 것으로 취급해 직업상 업무 다음으로 미룬다는 것은 사실 매우 놀라운 일이다.

과학적으로는 의심스럽지만, 어떠한 상황에서도 스스로 음식 먹는 것을 조절할 수 있다. 물론 음식을 조절하려는 의지가 있어야 한다. 영양사나 의사는 대부분 규칙적으로 하루에 세 번씩 식사를 해야 한다고 설명한다.

하지만 이 횟수는 앞에서도 이야기했듯이 과학적인 근거가 있는 믿음이 아니라 문화적인 모델일 뿐이다. 또한 이와 같은 강요는 빠르게 변하는 현실을 전혀 고려하지 않은 것이다. 바

쁜 현대에 일정한 시간에 식사를 세 번 해야 한다는 것은 이제 더 이상 당연한 일일 수가 없다.

음식물 덩어리가 입에서 침과 섞여 제대로 분해되는 순간 소화가 이미 시작된 것이며, 위를 지나 장의 벽을 통과하여 흡수가 용이해지는 과정이 진행될수록 이 음식이 우리의 신진 대사에 영향을 준다는 사실도 알고 있어야 한다.

한편으로 보면, 음식을 먹는 속도와 음식을 먹는 리듬에 따라 언제, 얼마나 포식감과 포만감을 느끼게 되는지도 달라진다. 그러므로 음식을 먹는 속도와 리듬을 조절하는 일이 체중을 조절하는 데 효과가 있다고 생각해도 좋을 것이다.

우리는 스스로 식생활과 체중을 조절할 수 있다. 그러나 현대인의 생활 리듬은 생존에 필요한 정상적인 활동을 중심으로 돌아가지 못하고 있다. 경제적인 이유나 그 밖의 다른 이유로 틀 지워진 활동에 의해 생활 리듬이 지배받고 있는 실정이다.

업무상 약속 자리로 이동하면서 대충 때우는 점심 식사나 시간에 쫓기어 먹는 듯 만 듯 재빨리 해치워 버리는 식사는 언젠가 다른 책에서 꼭 다루어야 할 중요한 문제다.

3

완벽한
다이어트가 있을까?

정말 기적 같은 해결책이 있을까?

그럼 이제, 지금까지 제시했던 상식적인 답변에 비추어, 날마다 홍수처럼 쏟아져 나오는 다이어트 광고 선전 문구들의 주된 특징을 검토해 보자. 부디 이 답변들에 대한 해석이 기적 같은 해결책을 바라는 사람들로 하여금 이를 경계하게 만들고, 기적 같은 해결책이라고 하는 것은 얼마나 잘못된 방법인지를 알게 해 주기를 희망한다.

일간지나 여성 잡지 등은 누구나 쉽게 할 수 있는 식이 요법이라며 다양한 유혹의 손길을 뻗친다. 매년 여름 휴가 전이나 연말 무렵, 결혼 시즌에 맞춰 선정적인 제목으로 사람들의 눈길을 끌려고 애쓴다. "3주 만에 8킬로그램 뺀 체험기", "요요 현상이 없는 절대 다이어트" 등. 다소 거짓말 같은 제목들이라서

다이어트는 마법의 주문처럼 단번에 바로 이루어지는 것이 아니다.
그래서 기적 같은 광고 문구와 같은 다이어트는 실패할 게 뻔한 내기가 되기 십상이다.

기사의 내용에 선뜻 신뢰가 가지는 않는다.

사실 다이어트와 기적은 전혀 어울리지 않는 한 쌍이다. 그리고 이것이 이 책에서 반복해서 주장하는 주제다. 음식 조절은 마법의 주문처럼 한순간에 이루어지는 것이 아니라 깊이 생각한 후 의지를 갖고 꾸준히 실천에 옮겨야만 달라질 수 있는 것이다.

3주나 한 달 만에 8킬로그램을 감량하면 표면적으로는 성공한 것처럼 보인다. 하지만 오랜 기간에 걸쳐 지속해야 정말로 효과를 볼 수 있는 실질적인 체중 감량을 하려고 할 때 이런 방식은 오히려 장애가 될 수 있다. 결국 실패할 게 뻔한 다이어트를 하는 셈이 된다.

수없이 범람하는 다이어트 방법들을 살펴보자. 대개 다이어트 이름은 그 방법을 발견한 사람의 이름을 따서 지은 것으로 그 방법만이 체중을 감량하는 유일한 해결책인 것처럼 과대 포장하고 나타난다. 이러한 다이어트의 주요 타깃은 과도하게 체중을 감량하려고 했다가 실패한 경험이 있는 사람들이다.

하나같이 연예인을 동원하고, 성공담과 경험담을 늘어놓으면서 다이어트에 대한 사람들의 욕구가 강해지는 여름철에 특히 소비자를 쉴 새 없이 자극한다.

이런 다이어트의 공통된 특징은 '단순화와 집약'이다. 예를 들어 탄수화물 식품은 모두 먹지 않기, 단식과 절식을 번갈아 하기, 다양한 이국적인 음식 먹기, 음식 먹는 순서 바꾸기 등이 있다. 보다 구체적으로는 한 번에 먹는 양을 줄이기, 칼로리가 적은 음식들로만 식단을 구성하기, 단기적으로 한 가지 음식만 먹기, 영양소를 공급하는 대체 식품을 먹으며 식사는 거르기 등 굉장히 다양한 다이어트 방법이 성행한다.

또한 지방을 분해해 주는 비누, 단백질이 함유된 티백, 대용식 등과 같이 약국의 기능성 식품 코너와 대형 할인점 다이어트 코너에서 판매하는 제품들은 그저 소비자의 주머니만 축낼 뿐이다.

완벽한 다이어트를 하려면 무엇이 필요할까?

무엇보다 먼저 금기와 절제로 가득 찬 '다이어트'라는 단어 자체를 생각하지 말아야 한다.

가장 중요한 것은 우선 다이어트를 오랫동안 '지속'할 수 있어야 한다는 것이다. 이것이 올바른 다이어트의 첫 번째 조건이다. 다른 것은 모두 부차적이다.

음식을 먹는 것은 우리의 생존 방식 중 하나다. 예를 들면 아이를 갖기 위해 오랫동안 심사숙고한 후 몸을 가꾸고 여러 가지를 조심하듯이, 음식을 조절하는 일도 지속적으로 이루어져야 한다.

생활 양식을 선택하거나 직업 혹은 배우자 등을 선택할 때를 생각해 보자. 만약의 경우 실패할 수도 있다는 것을 염두에 두고, 미래에 받아들여야 할지도 모를 결과와 부작용까지 생각해야 결코 즉흥적으로 결정하고 밀어붙이지 않을 수 있다.

마찬가지로 음식 섭취에 관한 계획 역시 신중하게 선택하고, 오랜 기간에 걸쳐 실천할 수 있어야만 효과를 볼 수 있다. 이런 장기적인 계획이 없으면 욕구 불만이나 지키기 힘든 금지 사항 때문에 다이어트는 너무 쉽게 헛수고로 돌아갈 수 있기 때문이다.

그러므로 다이어트를 하려는 사람은 먼저 자신의 취향과 식습관, 일상적인 생활 리듬을 고려해야만 한다. 어린 시절부터 의사가 권하는 좋은 식단을 받아들일 수 없었던 사람은 이제부터라도 자신의 식습관을 바꾸어야 할 것이다. 그런 식으로 해서 식습관을 바꾸지 않으면, 자신에게 아무것도 도움이 되지 않을 것이다.

사실 음식을 바꾸는 것보다 차라리 종교를 바꾸는 것이 덜 힘들어 보이기도 한다. 커피에 초콜릿 조각이나 각설탕을 녹여

마시는 취향을 갖고 있는 사람이라면 몹시 힘든 싸움이 될 것이다.

올바른 다이어트의 두 번째 조건은 남이 바라보는 것처럼 자신을 관찰할 수 있도록 노력하는 것, 즉 자신으로부터 조금 거리를 두고 자신을 객관적으로 바라볼 수 있도록 노력하는 것이다. 그렇게 하면, 자신이 어떤 충동을 느끼고, 어떤 상황에 놓여 있으며, 무엇이 부족해서 그런 충동이 생기는지 파악할 수 있을 것이다.

사실 스스로 충동을 조절한다는 것은 여러 가지 힘든 과정을 거쳐야만 생길 수 있는 능력이다. 우리에게 부족한 것은 음식이나 영양소나 생물적인 필요성만이 아니라 정서적이거나 심리적인 차원의 문제일 수도 있다.

먹는 행위를 합리성과 감성이라는 두 영역으로 구분할 필요가 있다. 물론 사람은 욕망과 이성을 모두 가진 존재로서, 합리성이나 감성과 밀접한 관계가 있다. 외모나 체중과 관련된 거의 모든 것이 사실상 감성 영역이라는 사실은 알고 있지만, 그 외의 것들도 고려해야 할 것이다.

이성으로 욕망을 지배해서 감성에 끌려 다니기보다는 감성을 통제할수록 우리 감성에 호소하는 온갖 광고물에서 자유로워질 수 있다.

이성은 과체중이 야기하거나 악화시킬 위험이 있는 여러 문제를 두려워할 것이다. 과체중으로 인해, 골격을 받치고 있는 여러 신체 부위들, 말하자면 척추, 허리 관절, 무릎 등에 관절염이 생길 수도 있다. 또 과체중은 당뇨병이나 콜레스테롤, 중성 지방으로 인한 고지혈증˙과 고혈압의 원인이 되며 여러 가지 합병증을 유발하여 건강을 악화시킬 수도 있다.

아침마다 체중을 재는 것도 합리적인 체중 관리 방법이 아니다. 사실 체중은 그날 그날, 월경 주기, 일시적인 긴장감, 규칙적인 배설, 규칙적인 일상 운동 등에 따라 변하기 때문에 그날의 체중을 전날이나 다음날의 체중과 비교하는 것은 별 의미가 없다.

시장기와 **식욕**, 음식을 먹어야 하는 생리적 필요성과 먹고 싶은 욕구를 구분하는 것 또한 이성이 하는 역할이다. 필요성과 욕구의 차이를 이성적으로 판단하여 시장기와 식욕 사이에 균형을 맞출 수 있다면 음식 섭취를 원활하게 조절할 수 있게 될 것이다.

● ● ●

고지혈증 피 속에 몸에 좋지 않은 지질 단백질이 과다하게 많아져 피가 탁해진 상태. 동맥경화증의 원인이 된다.

같은 맥락에서 미각의 즐거움을 추구하는 것도 음식을 조절하는 한 방법이 될 수 있다. 아무 음식이나 꾸역꾸역 입에 밀어 넣기보다는 자신이 좋아하는 음식을 선택한 후 그 양을 의식적으로 조절하는 것이다.

요컨대 우리는 분명 이성과 욕망의 존재이기 때문에 무의식이나 유전 형질이 지배하는 욕구와 충동에 맥없이 자유를 구속당하지 않을 수 있다. 자유가 분명 존재한다고 믿으며, 인간이란 처음부터 완전히 모든 것이 결정된 존재가 아니라고 믿는 사람들은 자유가 이성, 즉 어느 정도 거리를 두고 스스로를 객관적으로 바라보는 데서 나온다는 사실을 알고 있다.

재미있는 비유를 들어 보자. 자신의 죽음이 다가오는 것을 느낀 한 농부에 관한 이야기이다. 농부는 임종을 앞두고 아들들에게 밭에 보물 상자를 숨겨 놓았다는 유언을 남겼다. 그러자 아들들은 보물 상자를 찾기 위해 부지런히 밭을 갈아 엎었다. 얼마 후 골고루 갈아 엎어 비옥해진 밭에서는 농작물이 아주 잘 자라났다. 그때 비로소 아들들은 농부가 물려주려고 했던 보물이 무엇인지 깨달았다. 이 이야기에서 농부는 노동이 본질적인 가치로 여겨지던 시대에 아들들에게 노동의 가치를 알게 하기 위하여 보물찾기라는 동기를 부여한 것이다. 그리고 성공한 것이다.

마찬가지로 '완벽하고 올바른 다이어트'라고 하는 보물은 우리 몸과 우리가 먹는 음식이 적절한 적응 기간을 거친 후에야 얻을 수 있는 것이다. 우리 각자는 유행에 휩쓸리거나 주변의 집단적인 충동에 휘둘리지 말고 자기 자신에게 정말로 좋고 올바른 다이어트가 무엇인지 발견할 수 있어야 한다.

한 사람 한 사람의 개성을 강조하는 듯하지만 실제로는 모두의 개성을 빼앗고 모든 사람을 획일적으로 만드는 사회적인 요구 때문에 괴로워하는 사람도 많을 것이다. 그러나 이 문제에 대하여 오랫동안 갈피를 잡지 못하고 혼란스러워할 필요는 없다.

여러분의 친구나 배우자, 가족 중에는 여러분이 사회적으로 널리 인정받는 미의 기준에 어느 정도 맞추어 주기를 원하는 사람들이 꼭 있다. 자기 친구 또는 배우자 혹은 가족을 있는 그대로 바라보지 않고 인정하지 않으며, 진짜 자신과는 전혀 상관없는 다수의 타인이 결정한 기준에 맞추기만을 바라는 사람으로부터 무엇을 얻을 수 있겠는가?

이런 질문을 던져 보면 여러분은 주위 사람들이 당신을 어떻게 생각하고 있는지, 당신에게 원하는 게 무엇인지, 왜 당신을 자신의 상대로 받아들이는지 다시 생각해 보는 좋은 계기가 될 것이다.

마찬가지로 의사든 영양사든 학자든, 어느 누구도 결코 여러분 자신의 입장이 될 수는 없다. 물론 의사나 영양사의 도움을 구하러 가서 의학 정보를 물어보는 것이 최선이긴 하다. 하지만 그 정보가 반드시 과학적으로 정확한 지식이 아닐 수도 있다는 것, 그리고 오늘 진실이라고 믿었던 것이 내일은 문제가 될 수도 있다는 것을 잊지 말아야 한다.

　이런 맥락에서 프랑스의 문호 마르셀 프루스트˙가 한 유명한 말이 있다.

　"의술을 신봉하는 것은 굉장히 어리석은 짓이다. 그렇다고 의술을 믿지 않는 것은 더 어리석은 짓이다. 많은 잘못이 쌓이면 결국 어떤 진실을 이끌어 내기 때문이다."

　그러면 이제 각자의 육체와 감성의 관계를 차분하게 살펴서 여러분 자신의 생활을 스스로 계획해 보자. 다이어트라는 것은 자신과의 외로운 싸움이기 때문에 믿을 만한 의사에게 정규적으로 상담하고 도움을 청해 보는 것도 좋은 방법이다. 그때 의사는 직업 윤리에 따라 현재 문제가 되고 있는 것에 대하여 성

●　●　●　●

마르셀 프루스트(1871~1922) 프랑스의 소설가. 『잃어버린 시간을 찾아서』라는 장편 소설을 통하여 인간의 의식 깊이를 추구하여 의식의 흐름의 기법을 창시하였다.

심껏 답해 주고 최선을 다해 환자를 도와야 할 것이다.

그렇지만 무엇보다 중요한 것은 여러분 스스로 자신을 도우려는 노력과 의지이다. 그래야 의사나 영양사도 최선을 다해 여러분을 도울 수 있다.

더 읽어 볼 책들

- 김준기, 『먹고 싶다 그러나 마르고 싶다』(푸른숲, 1997).
- 박용우, 『신인류 다이어트』(김영사, 2006).
- 이재성, 『생각을 바꾸면 살이 빠진다』(시공사, 2003).
- 로버트 M. 슈워츠, 김정한 옮김, 『다이어트 절대 하지 마라』(샘터사, 2006).

논술·구술 시험은 논리적이고 종합적인 사고를 요구한다. 다음에 제시된 문제는 이 책의 주제와 연관이 있는 논술·구술 기출 문제이다. 이 책을 통하여 습득한 과학적 지식과 원리, 입체적이고 논리적인 접근 방식을 활용하여 스스로 문제에 답해 보자.

▶ 몸 안에서 일어나는 에너지 대사에 대해 설명해 보라.

▶ 건강이란 무엇인가 말해 보라.

▶ 산업화 이후 의식주 문화에 상업화와 대중화가 이루어졌는데 이 변화의 장점과 단점에 대해 말해 보라.

▶ 미래 사회에 의식주가 어떻게 변화할 것인지 말해 보라.

옮긴이 | 김희경

성심여대(현 가톨릭대학교) 불문학과를 졸업했으며, 프랑스 피카르디 대학에서 박사 과정을 수료했다. 현재 전문 번역가로 활동 중이다.

민음 바칼로레아 27

완벽한 다이어트가 있을까?

2판 1쇄 펴냄 2021년 3월 30일
2판 5쇄 펴냄 2024년 8월 8일

1판 1쇄 펴냄 2006년 5월 4일
1판 2쇄 펴냄 2013년 9월 19일

지은이 | 미셸 오트쿠베르튀르
감수자 | 김희진
옮긴이 | 김희경
발행인 | 박근섭
펴낸곳 | ㈜민음인

출판등록 | 2009. 10. 8 (제2009-000273호)
주소 | 06027 서울 강남구 도산대로 1길 62 강남출판문화센터 5층
전화 | 영업부 515-2000 편집부 3446-8774 팩시밀리 515-2007
홈페이지 | minumin.minumsa.com

도서 파본 등의 이유로 반송이 필요할 경우에는 구매처에서 교환하시고
출판사 교환이 필요할 경우에는 아래 주소로 반송 사유를 적어 도서와 함께 보내주세요.
06027 서울 강남구 도산대로 1길 62 강남출판문화센터 6층 민음인 마케팅부

㈜민음인은 민음사 출판 그룹의 자회사입니다.